Y Barcud

The Red Kite

David Jones

Y BARCUD

Y BARCUD. Mae'r enw ar ei ben ei hun yn ddigon i greu yn y meddwl ddelweddau o brydferthwch, gosgeiddrwydd a dirgelwch. Prydferthwch, oherwydd coch cyfoethog ei blu — y plu sydd wedi rhoi i'r aderyn hwn enw fel y mwyaf hardd o holl adar ysglyfaethus Ewrop. Gosgeiddrwydd, oherwydd ei bresenoldeb gogoneddus fry uwchben, y fforch enwog yn ei gynffon yn ei lywio trwy'r awyr mor rhwydd, mor ddiymdrech, mor frenhinol. A dirgelwch oherwydd y modd y mae'r aderyn enigmatig hwn wedi dychwelyd o ymylon difodiant i fod yn arwydd cenedlaethol i Gymru.

Mae'r barcud (*Milvus milvus*) yn aderyn ysglyfaethus o faint cymhedrol — mae'n mesur rhyw 60 cm mewn hyd, a lled ei adenydd yn cyrraedd hyd at 190 cm. Mae'r plu trawiadol ar ei gorff, sydd yn gymysgedd o goch gwinau a brown tywyllach, yn cyferbynnu â phlu'r pen, sydd yn llwyd-wyn ond hefyd yn cynnwys stribedi tywyllach. Wrth weld y barcud yn hedfan, gellir ei adnabod yn hawdd

THE RED KITE

RED KITE. The very name is sufficient to conjure up images of beauty, grace and mystery. Beauty, because of its breathtaking, chestnut and greyish-white plumage for which it is rightly regarded as the handsomest of all European birds of prey. Grace, because of its superb aerial prowess when, steering by its distinctive forked tail, it effortlessly soars and glides as if suspended by some invisible gossamer thread. And mystery, because of the secretive and enigmatic nature of a bird that phoenix-like has returned from the very brink of extinction and become a compelling symbol of Wales.

A medium-sized bird of prey, the red kite (*Milvus milvus*) measures around 60 cm in length, with an impressive wingspan of 170–190 cm. Its striking body plumage, which is a mix of rich chestnut-red with darker brown streaks, contrasts with the pale grey, dark streaked head. When seen on the wing, easily identifiable characteristics are underwing white patches and a long, forked tail. It is indeed a privileged sight to witness the bird's

oherwydd y plu gwyn dan yr adenydd, a'r gynffon fforchiog nodweddiadol honno. Mae hi'n fraint yn wir cael gwylio'r aderyn aruchel hwn yn hedfan uwch dyffrynnoedd a dolydd Cymru. Mae ei symudiad yn yr awyr yn ymdebygu yn fwy i hwylio nag i hedfan – a hynny, mae'n debyg, oedd y sbardun i'r bardd o Sais, Henry Longfellow, ei ddisgrifio fel hyn: 'The sudden scythe-like sweep, of wings that dare, the headlong plunge through, eddying gulfs of air.'

Er ei fod yn adnabyddus heddiw fel y barcud, yn ystod y ganrif ddiwethaf 'boda wennol' oedd yr enw ar yr aderyn — a hynny oherwydd y gynffon, sy'n debyg iawn i gynffon y wennol.

Mae'r barcud wedi bod yng Nghymru ers canrifoedd aneirif. Cafwyd hyd i weddillion barcud mewn ogof oddi ar benrhyn Gŵyr, ger Abertawe, a'r gweddillion hynny oddeutu 120,000 mlwydd oed. Cafwyd hyd i dystiolaeth debyg, i brofi'i hirhoedledd yng Nghymru, ar safle Rhufeinig Isca Silurum yng

effortless, graceful flight in the skies of Wales. Its movement through the air, riding the thermals, seems to resemble more the art of sailing than flying. Poet Henry Longfellow described it as: 'The sudden scythe-like sweep, of wings that dare, the headlong plunge through, eddying gulfs of air.'

The word kite has its origins in an Anglo-Saxon derivation of the birds' call: 'cyta'. In Welsh it is now generally known as 'barcud'. Early last century though, it was more commonly known in parts of Wales by the name of 'boda wennol' or swallow hawk, because of its distinctive tail.

Kites have been resident in Wales since the earliest of times. Remains of a bird found in a cave on the Gower Peninsula, near Swansea, have been dated to around 120,000 years ago. Similar evidence, proving the kite's long Welsh pedigree, has also been excavated at the Roman site of Isca Silurum at Caerleon, near Newport. Although the species owes its very survival

Uchod: Amphitheatr Rufeinig Isca Silurum yng Nghaerllion.
Above: The Roman amphitheatre of Isca Silurum at Caerleon.

Isod: Bryn Dinas ym mlaenau Tywi; cynefin anghysbell y barcud.
Below: Bryn Dinas in the Tywi valley; the kite's remote habitat.

Nghaerllion, ger Casnewydd. Ac er bod yr aderyn bellach i'w weld yng nghymoedd canolbarth Cymru – yn wir, oherwydd y cymoedd anghysbell hynny y mae wedi goroesi – roedd adeg pan oedd y barcud i'w weld mor aml yn y dref ag yn y wlad.

Ym Mhrydain yr oesoedd canol, roedd barcutiaid yn fwy niferus o lawer, ac yn yr un modd ag y mae colomennod i'w gweld mewn trefi heddiw, roedden nhw'n berffaith hapus i fod yng nghanol torfeydd o bobl. Caent eu denu gan sbwriel ar y stryd – darnau o gig gwastraff o stondinau cigyddion – a hynny'n golygu fod yna wastad gyflenwad parod o fwyd iddyn nhw. Yn wir, oherwydd eu bod nhw'n cadw'r strydoedd mor lân, ac yn bwyta holl wastraff y stondinau, fe basiwyd deddf frenhinol i warchod barcutiaid! Roedden nhw'n adar eofn hefyd ac yn aml byddent yn disgyn o'r awyr i ddwyn bwyd allan o ddwylo plant! Dywedodd adarwr o'r unfed ganrif ar bymtheg, William Turner: 'For such is the audacity of our kites that they dare to snatch bread from children, fish from women and handkerchiefs from hedges and out of men's hands!' Mae'r sôn am hancesi poced yn cyfeirio at arfer hynod

in Britain to the remote valleys of Mid Wales, it was once as much at home in towns as in the countryside.

In medieval Britain, the bird was both widespread and abundant and having little fear of man, it would freely mingle amongst crowds of people in much the same way as pigeons do today. Attracted by street refuse such as offal discarded by butchers' stalls, their scavenging of such offending morsels meant they were not only made welcome but even afforded a degree of protection. Indeed, from the fifteenth century, because of its efficacy as an urban street cleaner, the kite came under the patronage of a royal statute. A measure of the boldness of the bird around this time is illustrated by its habit of snatching food out of the hands of young children. William Turner, perhaps the first chronicler of the bird life of Britain, wrote in 1544: 'For such is the audacity of our kites that they dare to snatch bread from children, fish from women and handkerchiefs from hedges and out of men's hands.' This latter reference to handkerchiefs refers to a curious habit of the bird in incorporating paper, cloth and other human litter into its nest.

Uchod: Barcud ger y nyth.   Above: A kite approaches his nest.

Dde: Cyw barcud.
Right: A kite chick.

y barcud o ddefnyddio papur, brethyn a sbwriel i adeiladu'i nyth. Mae Shakespeare ei hun yn cyfeirio at hyn yn ei ddrama *A Winter's Tale*, pan rybuddia'r cymeriad Autolycus, 'When the kite builds, look to your lesser linen'! Yng Nghymru, mae'r aderyn yn driw i'w drigfannau traddodiadol, ac mae'n nythu yng nghanghennau fforchiog hen goed. Yn aml, bydd strwythur y nyth wedi'i seilio ar hen nyth brân neu foda. Ym mis Ebrill y bydd yn dodwy ei wyau ac yn ystod y cyfnod hwn bydd lladron yn trio dwyn wyau'r barcud, am eu bod mor brin. Fel arfer, bydd dau gyw yn deor, ond yn aml dim ond un sy'n goroesi.

Mae hanes y barcud wedi bod yn ansicr iawn ar hyd y canrifoedd. Er ei fod wedi ei warchod yn ystod oes y Tuduriaid, fe ddaeth y barcud yn aderyn poblogaidd ymysg helwyr. Erbyn 1879 roedd cymaint o farcutiaid wedi eu saethu a'u gwenwyno fel nad oedd yr un yn bodoli yn yr Alban nac yn Lloegr. Dim ond rhyw fymryn yn well oedd y sefyllfa yng Nghymru. Er bod pâr wedi ymgartrefu ym maestrefi Caerdydd ym 1853, a rhai eraill wedi nythu yng Ngwent ym 1870, prin iawn oedd y barcud yn siroedd eraill Cymru erbyn dechrau'r

Shakespeare makes reference to the habit in his *The Winter's Tale*, when Autolycus gives warning: 'When the kite builds, look to your lesser linen'. In Wales, the bird is faithful to its traditional breeding territory, where it nests in the forks of old trees. Often, the untidy structure has a foundation of a nest previously fashioned by a crow or buzzard. The eggs, which for more than a century have been highly prized by unscrupulous egg collectors, are laid in April. Generally, a pair of chicks hatch, though often only one survives.

The history of the bird in Britain has been characterised by somewhat fluctuating fortunes. From being a protected species for its scavenging habits in Tudor Times, it became the focus of relentless persecution at the hands of man and his obsessive ideas about the protection of game birds. By 1879 it had been ruthlessly shot and poisoned out of existence in both England and Scotland. And it fared only a little better in Wales. Although a pair nested on the outskirts of Cardiff in 1853 and numbers were still present in Gwent in 1870, it had been extirpated in most Welsh counties by the

Dyffryn Tywi, cadarnle'r barcud.

The Tywi valley, a kite stronghold.

bedwaredd ganrif ar bymtheg. Erbyn dechrau'r ugeinfed ganrif, dim ond rhyw ddwsin oedd yng Nghymru, a'r rheiny yng nghoedwigoedd diarffordd dyffrynnoedd Tywi a Chothi yn y canolbarth.

Ym 1903 daeth grŵp at ei gilydd i ffurfio 'pwyllgor y barcutiaid'. Gyda chydweithrediad ffermwyr a thirfeddianwyr oedd yn cydymdeimlo â'u hachos, fe drefnwyd cronfa i dalu am warchod yr adar, ac fe lwyddwyd i atal y dirywiad yn eu poblogaeth.

early years of the nineteenth century. By the beginning of the twentieth century, the entire British population of the once abundant bird consisted of a miserable colony of a dozen or so birds confined to the isolated oak woodlands of the Tywi and Cothi valleys in Mid Wales.

In 1903, realising the seriousness of the situation, a group of far-sighted individuals formed a 'kite committee', whose main aim was to protect the few remaining pairs of the bird. With the co-operation of

Un o aelodau diweddarach 'pwyllgor y barcutiaid' oedd y bardd a'r cenedlaetholwr Cymreig, R S Thomas. Roedd e'n ffrind ac yn gymydog i'r naturiaethwr enwog William Condry. Yn ei hunangofiant trydydd-person, *Neb*, a gyhoeddwyd ym 1985, disgrifiodd un tro pan gyfarfu ag aderyn eur-goch a eisteddai ar ei nyth ddecllath o'i flaen: 'Ni chododd yr aderyn, ni symudodd yntau chwaith, ond syllodd yn ddwfn i lygad miniog y barcud oedd yn syllu yn ôl arno ef.'

Ar ôl bygythiadau'r helwyr, eu gynnau a'u gwenwynau, roedd mwy o drafferthion yn wynebu'r barcud erbyn 50au'r ugeinfed ganrif. Fe ddaeth myxomatosis yn bla ar hyd Cymru, gan ladd trwch cwningod y wlad — ac amddifadu'r barcud o un o'i hoff fwydydd. Yn y degawdau wedi hynny daeth cemegolion a phlaleiddiaid amaethyddol i amharu ar dwf y barcud ond, er gwaetha hyn, fe ddechreuodd eu niferoedd gynyddu yn ara bach.

sympathetic Welsh landowners and farmers and the payment system of 'bounties' for safeguarding kite nests, the species, although perilously close to extinction, managed to hold its own.

Counted amongst later members of the 'kite committee', was renowned Welsh poet and patriot R.S. Thomas. A friend and neighbour of the famed natural historian William Condry, Thomas joined the select band of kite-watchers offering real protection to the remnant Welsh population. In his 1985 third-person autobiography *Neb* he describes one meeting with a 'golden-red bird' that sat on its nest ten yards in front of him: 'The bird did not rise and neither did it move, but stared straight into the sharp eye of the kite as it stared back at him.'

Having remarkably survived the ravages of gamekeepers' guns and poisons, further pressures on Welsh kite populations were brought about in the 1950s. Then, myxomatosis swept through the

principality, decimating numbers of the birds' rabbit prey. The following decade saw yet another threat with the spread of the use of organo-chlorine agricultural chemicals. Despite these setbacks, Welsh kite numbers began to rise, albeit slowly, in the succeeding decades.

In 1993, a milestone in kite conservation was reached when for the first time for a century and a half, Wales was home to more than 100 pairs of birds. The concerted programme of conservation begun ninety years earlier, which led to 24-

Roedd 1993 yn garreg filltir o ran gwarchod y barcud. Am y tro cyntaf'ers canrif a hanner roedd yng Nghymru fwy na chant o barau. Roedd y cynllun gwarchod wedi para 90 o flynyddoedd. Yn ystod yr amser hwnnw roedd adarwyr wedi gweithio'n ddiwyd, ac ar un adeg fe ofynnwyd i filwyr o'r baracs yn Aberhonddu warchod y nythod! Wedi cyrraedd y garreg filltir hon, dywedodd y naturiaethwr Iolo Williams mewn rhaglen deledu, 'Mae pobl yn falch iawn bod y barcud yn aderyn ysglyfaethus Cymreig. Gan fod y pyllau glo wedi cau, a'r tîm rygbi

Isod: Iolo Williams.   Below: Iolo Williams.

yn methu'n rhacs, mae'n wych fod gennym ni arwydd o obaith'!

Fe ddatgelodd astudiaeth ym Mhrifysgol Nottingham ba mor agos yr oedd yr arwydd hwn o obaith wedi bod at ddifodiant. Profwyd trwy ddulliau genetig bod y boblogaeth gyfan wedi deillio o un aderyn benywaidd! A chan fod y barcud yn dal i fod yn brin iawn, fe benderfynwyd y dylid ei ailgyflwyno i uchelderau'r Alban a Lloegr. Mae'r cynllun hwn wedi bod yn llwyddiant ysgubol, a'r barcud yn ffynnu ar hyd a lled Prydain. Ond bydd y barcud wastad wedi'i gysylltu'n annatod â Chymru.

A dyw hi ddim yn anodd cael hyd i dystiolaeth o statws eiconig yr aderyn gogoneddus hwn yng Nghymru. Mae nifer

hour-a-day surveillance and even protection of nests by soldiers from Brecon barracks, had paid dividends. Of the landmark, Welsh wildlife T.V. presenter Iolo Williams was to say: 'People are very proud the red kite is a Welsh bird of prey. Now that the coal mines have closed and the Welsh rugby team isn't doing too well, it's good to have a symbol of hope.'

How close this Welsh symbol of hope had come to extinction was revealed in a study at Nottingham University. Genetic 'fingerprinting' of Welsh birds revealed that the entire population was descended from a solitary female bird. Because of the continued vulnerability of this remnant Welsh population, in the late 1980s a decision was taken to reintroduce the species to its former haunts in England and Scotland. The plan has gone well and kites are currently extending their range in Britain. The bird though will always be inextricably linked with Wales.

Proof of the charismatic appeal of the bird and its iconic Welsh status is not hard to find. Many organisations

have readily incorporated the familiar silhouette of the National Bird of Wales into their corporate logos. Examples are Powys County Council, Brecon Beacons Tourism and Barcud Derwen Television.

o sefydliadau wedi dewis y barcud yn arwyddlun i'w cwmnïau. Mae'r rhain yn cynnwys Bwrdd Twristiaeth Bannau Brycheiniog, Cyngor Sir Powys a Chwmni Teledu Barcud Derwen. Mae busnesau bychain hefyd wedi mabwysiadu delwedd y barcud. Mae cwmni bragu o Landysul, Bragwr Arbennig o Geredigion, wedi galw un o'u diodydd yn Gwrw'r Barcud Coch! Ond efallai mai yn Llanwrtyd y mae'r deyrnged fwyaf addas. Yno, ym 1998, ar lawnt yng nghanol y dref, codwyd cerflun

Small businesses too have also adopted the symbolic kite as part of their identities. There is even a Welsh beer called Barcud Coch Ale, brewed by Llandysul brewery Bragwr Arbennig o Geredigion.

Perhaps a more enduring tribute can be found deep in the heart of Welsh kite country at Llanwrtyd Wells. There, a galvanised steel sculpture entitled 'Spirit in the Sky', the work of artist Sandy O'Connor, was erected on a green in the centre of the town in 1998 to show the

RED KITE
(Spirit in the sky)
by
SANDY A.M. O'CONNOR
for Angela
Worcester 1998

dur o'r aderyn, gan yr artist Sandy O'Connor. Ei deitl yw 'Enaid yr Awyr', ac mae'n tystio i falchder y gymuned leol yn ei hoff aderyn.

Ym 1994, gyda dyfodol y barcud rywfaint yn fwy sicr, fe ddechreuwyd menter dwristaidd o'r enw 'Gwlad y Barcud'. Fe'i cychwynnwyd er mwyn denu twristiaid i Gymru i weld yr aderyn cenedlaethol yn ei ogoniant naturiol. Agorwyd chwech o ganolfannau 'Gwlad y Barcud' a chwech arall o ganolfannau gwybodaeth. O'r rhain, y mwyaf poblogaidd yw Canolfan Ymwelwyr Coedwig Nant-yr-

local community's proud affinity with the bird.

In 1994, with the future of the bird at least a little more secure, a tourist initiative called 'Kite Country' was launched. It was set up to encourage tourists to visit the principality and see Wales's national bird at close quarters. Six 'Kite Country' centres and a further half a dozen information centres were established. Of these, the most popular are Nant-yr-Arian Forest Visitor Centre, at Ponterwyd, near Aberystwyth and Gigrin Farm, Rhayader. Designated as year-round kite feeding

Gwylio adar yng Ngigrin!

Bird watching at Gigrin!

Arian ym Mhonterwyd ger Aberystwyth a Fferm Gigrin yn Rhaeadr Gwy. Mae'r canolfannau hyn yn llefydd delfrydol i weld y barcud ar ei orau: yn ddyddiol daw cynifer â chant o adar i'r canolfannau i fwydo.

Heddiw, a phoblogaeth y barcud yn agos i 200 o barau, mae'r dyfodol yn ymddangos yn fwyfwy llewyrchus. Ac mae'r ffaith fod cynifer o farcutiaid i'w gweld yn esgyn i entrychion cefn gwlad Cymru, a bod eu niferoedd yn fwy nag ers dwy ganrif, yn tystio i lwyddiant y cynllun gwarchod hwyaf a welwyd erioed, yn unman yn y byd.

stations, they provide a wonderful daily spectacle of the graceful aerial acrobatics from up to a hundred birds that are attracted to the sites.

Today, with a Welsh population of around 200 pairs, the future of the kite in Wales seems assured. That the bird can be seen soaring above the valleys and woodlands of the principality in numbers not seen for two centuries is indeed a legacy of the longest running conservation project of its kind to be found anywhere in the world.

Ym 1999 cafodd y barcud ei enwi'n Aderyn y Ganrif gan Ymddiriedolaeth Brydeinig yr Adarwyr. Ac, o gofio mor agos y bu'r barcud at ddiflannu o'r tir am byth, a'r adfywiad anhygoel a fu ers hynny, anodd iawn fyddai anghytuno â'r dewis hwnnw: anrhydeddus, frenhinol farcud Cymru!

In 1999, the kite was voted 'Bird of the Century' by the British Trust for Ornithology. Taking into account its chequered history in Britain and its remarkable return, from the very brink of extinction, there are few that would disagree with the accolade bestowed on the magnificent, majestic, red kite of Wales.

Cyfrolau mewn lliw llawn, gyda lluniau ardderchog ar bob tudalen. Ffeithiau diddorol sy'n dweud popeth mae angen ei wybod am agweddau ar Gymru mewn llyfrau bach defnyddiol.

Full-colour books with great illustrations. Interesting facts about Wales in handy, attractive volumes.

Yr Eisteddfod Genedlaethol / The National Eisteddfod

Rhian A Davies

Perl diwylliant Cymru a gŵyl y bobl i gyd.
Wales's cultural jewel, a festival for the people.

24pp pb 1 84323 030 5 £1.95

Caerdydd / Cardiff

Martin Huws

Y gaer Rufeinig a ddaeth yn gadarnle glo: prifddinas ifancaf Ewrop.
From Roman fort to king of coal: Europe's newest capital.

32pp pb 1 84323 002 X £1.95

Dewi Sant / Saint David

Elin Meek

Nawddsant Cymru, wrth ei fodd â chennin a dŵr; arwr Cymru'r chweched ganrif!
The patron saint of Wales, promoter of leeks and water; a sixth century hero!

24pp pb 1 85902 980 9 £2.50

Llywelyn ein Llyw Olaf / Llywelyn our Last Prince

Aeres Twigg

Tywysog annibynnol olaf Cymru a'i stori ddramatig.
The last independent Prince of Wales, and his tragic story.

24pp pb 1 84323 070 4 £1.95

Owain Glyndŵr

Aeres Twigg

Tywysog Cymru ac arwr y bobl, ynteu un a fethodd yn llwyr?
Prince of Wales, the people's champion, or 'barefoot rascal' and failed revolutionary?

32pp pb 1 85902 904 3 £1.95

Y Ddraig Goch / The Red Dragon

Aeres Twigg

Hon fu'n dynodi Cymru ers canrifoedd, ond cynyddu mae ei phoblogrwydd, nid lleihau …
The emblem of Wales for centuries, its popularity seems to be ever increasing in the twenty-first century...

24pp pb 1 85902 886 1 £2.50

Yr Anthem Genedlaethol/ The National Anthem

Aeres Twigg

Rydym yn gallu canu ag arddeliad, ond beth yw hanes 'Hen Wlad Fy Nhadau?' *We can all sing with pride, but what is the story behind 'The Land of our Fathers?'*

24pp pb I 85902 885 3 £1.95

Sosban Fach

Aeres Twigg

Cân rygbi enwog Llanelli... ai peidio? *The famous Llanelli rugby song... or is it?*

24pp pb I 85902 887 X £1.95

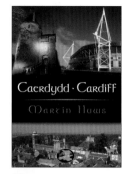

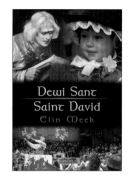

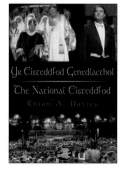

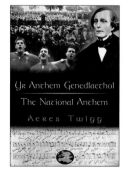

Dymuna'r cyhoeddwyr ddiolch i'r canlynol am roi caniatâd i atgynhyrchu lluniau yn y gyfrol hon:
The publishers would like to thank the following for granting permission to reproduce pictures in this volume:

Michael Evans tt./pp. 8, 12, 14; Bwrdd Croeso Cymru/ Wales Tourist Board tt./pp. 5, 10; S4C t./p. 13; Edna Harflett t./p. 12; Anwen Breeze Jones t./p. 8; Bernard Mitchell t./p. 11; RSPB tt./pp. 4, 19; Rupert Besley t./p. 18.

Cyhoeddir fel rhan o gyfres gomisiwn *Cip ar Gymru* Cyngor Llyfrau Cymru.
Published in the *Wonder Wales* series commissioned by the Welsh Books Council.

ⓗ Gwasg Gomer 2002 ©

ISBN 1 84323 095 X